Date: _____

Date: _____

Date: _____

Date: _____

Date: _____

Date: _____

Date: _____

Date: _____

Date: _____

Date: _____

Date: _____

Date: _____

Date: _____

Date: _____

Date: _____

Date: _____

Date: _____

Date: _____

Date: _____

Date: _____

Date: _____

Date: _____

Date: _____

Date: _____

Date: _____

Date: _____

Date: _____

Date: _____

Date: _____

Date: _____

Date: _____

Date: _____

Date: _____

Date: _____

Date: _____

Date: _____

Date: _____

Date: _____

Date: _____

Date: _____

Date: _____

Date: _____

Date: _____

Date: _____

Date: _____

Date: _____

Date: _____

Date: _____

Date: _____

Date: _____

Date: _____

Date: _____

Date: _____

Date: _____

Date: _____

Date: _____

Date: _____

Date: _____

Date: _____

Date: _____

Date: _____

Date: _____

Date: _____

Date: _____

Date: _____

Date: _____

Date: _____

Date: _____

Date: _____

Date: _____

Date: _____

Date: _____

Date: _____

Date: _____

Date: _____

Date: _____

Date: _____

Date: _____

Date: _____

Date: _____

Date: _____

Date: _____

Date: _____

Date: _____

Date: _____

Date: _____

Date: _____

Date: _____

Date: _____

Date: _____

Date: _____

Date: _____

Date: _____

Date: _____

Date: _____

Date: _____

Date: _____

Date: _____

Date: _____

Date: _____

Date: _____

Date: _____

Date: _____

Date: _____

Date: _____

Date: _____

Date: _____

Date: _____

Date: _____

Date: _____

www.ingramcontent.com/pod-product-compliance
Lightning Source LLC
Chambersburg PA
CBHW071038240526
45469CB00006BD/2250